FOOTBALL CLUB

....

Home Address

_____

_____

_____

Phone/Email

_____

Home Colours

_____

Away Colours

_____

League Entered

_____

Cups Entered

_____

_____

_____

Manager(s)

_____

Committee Members

_____   _____

_____   _____

_____   _____

Players Signed-On

Name	Contact	Pos.	Name	Contact	Pos.

Results & Fixtures

Date	H or A	Versus	Competition	W-L-D	Score

Results & Fixtures

Date	H or A	Versus	Competition	W-L-D	Score

Results & Fixtures

Date	H or A	Versus	Competition	W-L-D	Score

Team Formation: _____

Captain
_____

Corners
_____
_____
_____

Set-Pieces
_____
_____
_____

Penalties
_____
_____

Initial Tactics _____

_____

_____

_____

H] _____ ☐ V ☐ _____ [A]

Date _____   Competition _____

Pos/No.	Player	Goal	Y	R	Sub	M-O-M

Match Summary

_____

_____

_____

Team Formation: _____

Captain

_____

Corners

_____

_____

_____

Set-Pieces

_____

_____

_____

Penalties

_____

_____

Initial Tactics _____

_____

_____

_____

[H] _____ ☐ V ☐ _____ [A]

Date _____   Competition _____

Pos/No.	Player	Goal	Y	R	Sub	M-O-M

Match Summary

_____

_____

_____

Team Formation: _____

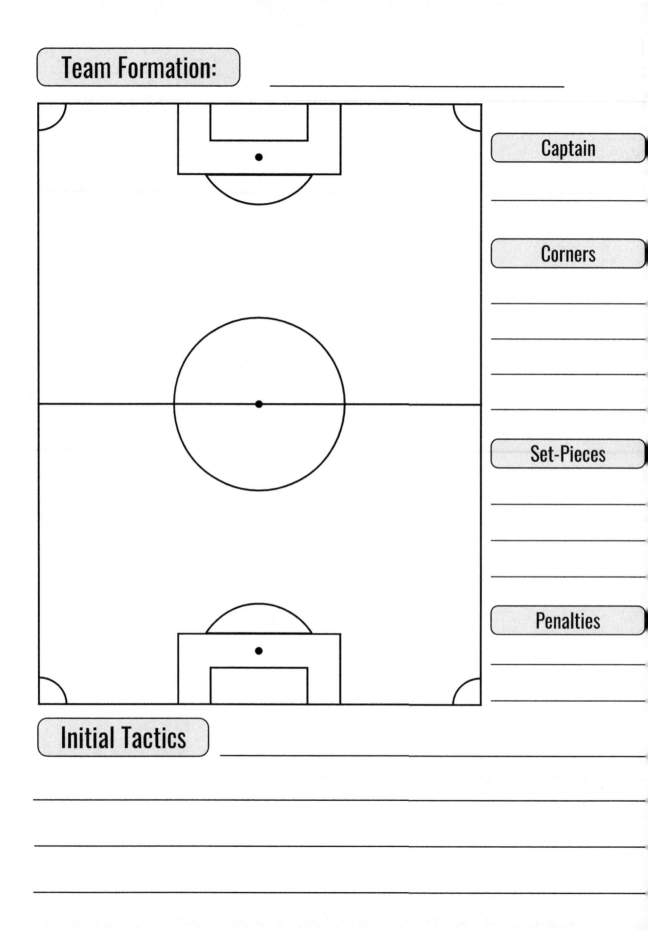

Captain
_____

Corners
_____
_____
_____

Set-Pieces
_____
_____
_____

Penalties
_____
_____

Initial Tactics _____
_____
_____
_____

H] _____ [ ] V [ ] _____ [A]

ate _____ Competition _____

Pos/No.	Player	Goal	Y	R	Sub	M-O-M

Match Summary

_____

_____

_____

Team Formation: _____

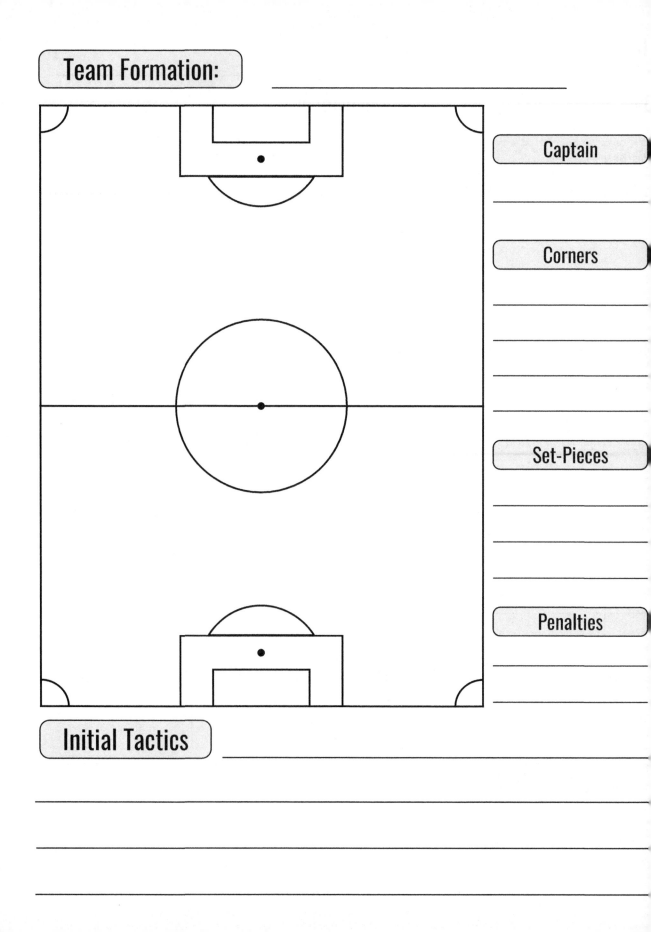

Captain

_____

Corners

_____

_____

_____

_____

Set-Pieces

_____

_____

_____

Penalties

_____

_____

Initial Tactics _____

_____

_____

_____

H] _____ [ ] V [ ] _____ [A]

Date _____   Competition _____

Pos/No.	Player	Goal	Y	R	Sub	M-O-M

Match Summary _____

_____

_____

Team Formation: _____

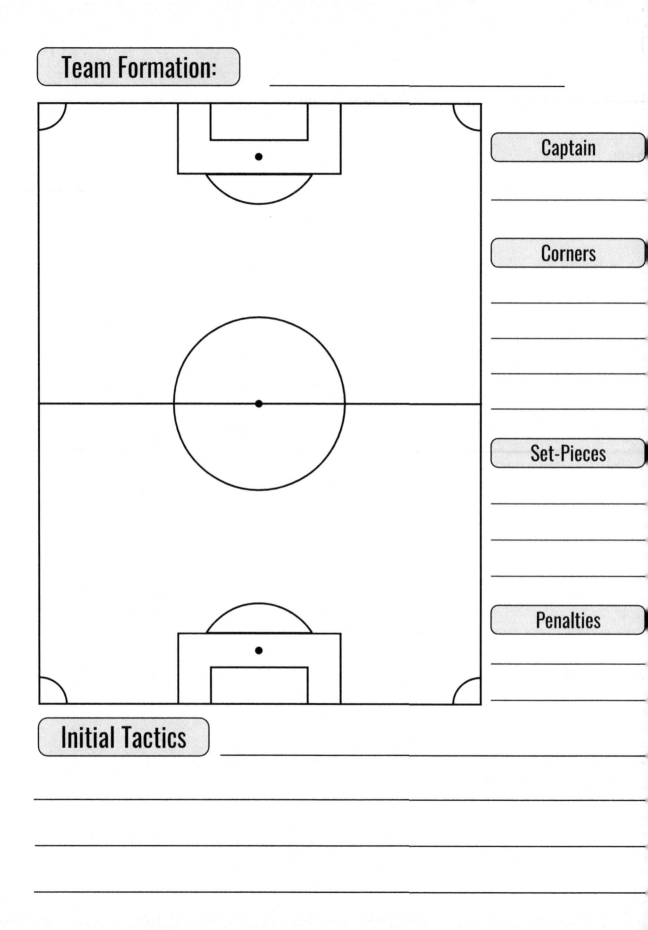

Captain

_____

Corners

_____

_____

_____

Set-Pieces

_____

_____

Penalties

_____

_____

Initial Tactics _____

_____

_____

_____

[H]

_____ ☐ V ☐ _____ [A]

Date _____ Competition _____

Pos/No.	Player	Goal	Y	R	Sub	M-O-M

Match Summary

_____

_____

_____

Team Formation: _____

Captain
_____

Corners
_____
_____
_____
_____

Set-Pieces
_____
_____
_____

Penalties
_____
_____

Initial Tactics _____

_____

_____

_____

H] _____ ☐ V ☐ _____ [A]

ate _____   Competition _____

Pos/No.	Player	Goal	Y	R	Sub	M-O-M

Match Summary

_____

_____

_____

Team Formation: _____

Captain
_____

Corners
_____
_____
_____
_____

Set-Pieces
_____
_____
_____

Penalties
_____
_____

Initial Tactics _____

_____

_____

_____

H]
_____   ☐ V ☐   _____   [A]

Date _____   Competition _____

Pos/No.	Player	Goal	Y	R	Sub	M-O-M

Match Summary   _____

_____

_____

Team Formation:

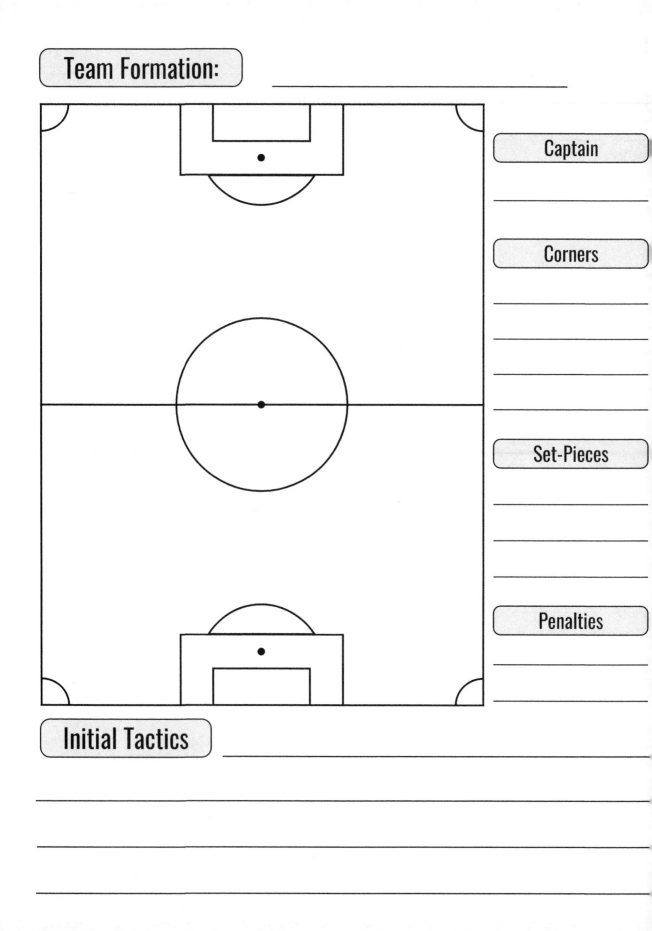

Captain

Corners

Set-Pieces

Penalties

Initial Tactics

H] _____ ☐ V ☐ _____ [A]

Date _____ Competition _____

Pos/No.	Player	Goal	Y	R	Sub	M-O-M

Match Summary _____

_____

_____

Team Formation: _____

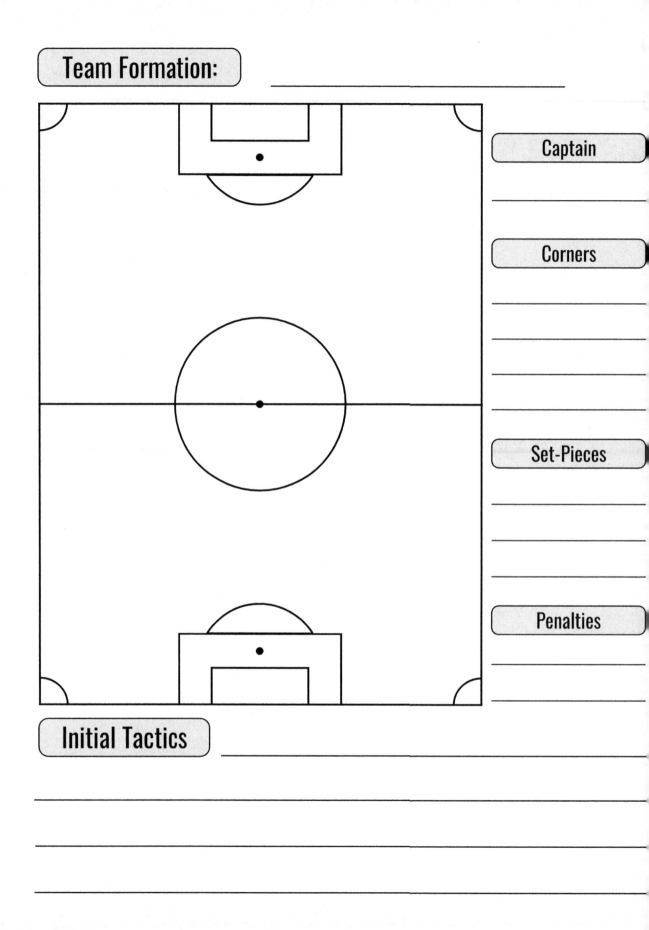

Captain

_____

Corners

_____

_____

_____

Set-Pieces

_____

_____

_____

Penalties

_____

_____

Initial Tactics

_____

_____

_____

_____

H] _____ ☐ V ☐ _____ [A]

Date _____ Competition _____

Pos/No.	Player	Goal	Y	R	Sub	M-O-M

Match Summary

_____

_____

_____

Team Formation: _____

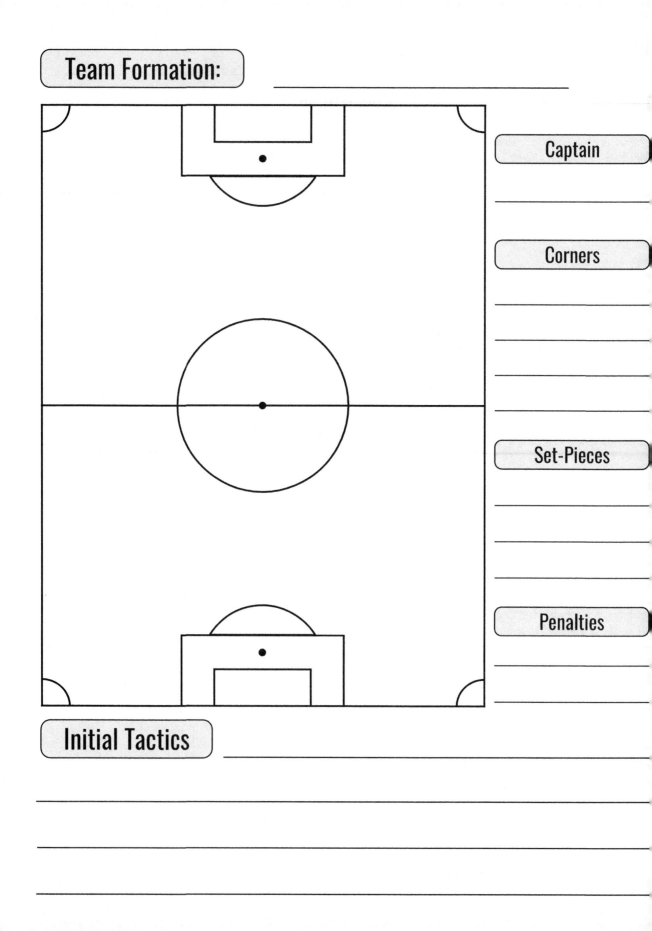

Captain

_____

Corners

_____
_____
_____
_____

Set-Pieces

_____
_____
_____

Penalties

_____
_____

Initial Tactics _____

_____

_____

_____

H] _____ ☐ V ☐ _____ [A]

Date _____   Competition _____

Pos/No.	Player	Goal	Y	R	Sub	M-O-M

Match Summary _____

_____

_____

Team Formation: _____

Captain

_____

Corners

_____

_____

_____

_____

Set-Pieces

_____

_____

_____

Penalties

_____

Initial Tactics _____

_____

_____

_____

_____

[H] _____ ☐ V ☐ _____ [A]

Date _____ Competition _____

Pos/No.	Player	Goal	Y	R	Sub	M-O-M

Match Summary

_____

_____

_____

Team Formation: _____

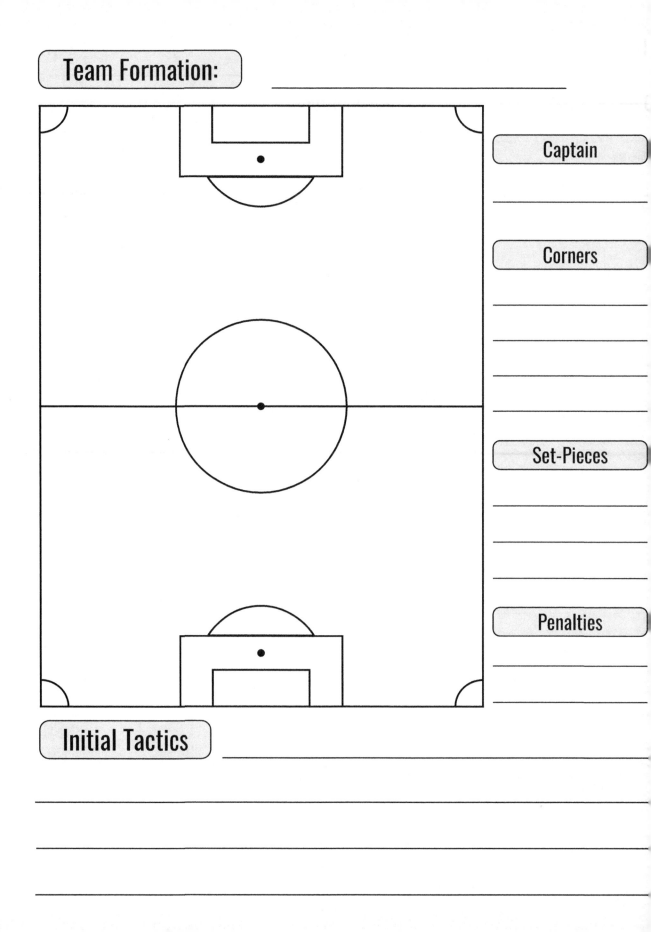

Captain

_____

Corners

_____

_____

_____

_____

Set-Pieces

_____

_____

_____

Penalties

_____

Initial Tactics _____

_____

_____

_____

[H] _____ ☐ V ☐ _____ [A]

Date _____ Competition _____

Pos/No.	Player	Goal	Y	R	Sub	M-O-M

Match Summary _____

_____

_____

Team Formation: _____

Captain

_____

Corners

_____

_____

_____

Set-Pieces

_____

_____

_____

Penalties

_____

Initial Tactics _____

_____

_____

_____

H] _____ ☐ V ☐ _____ [A]

Date _____ Competition _____

Pos/No.	Player	Goal	Y	R	Sub	M-O-M

Match Summary

_____

_____

_____

Team Formation: _____

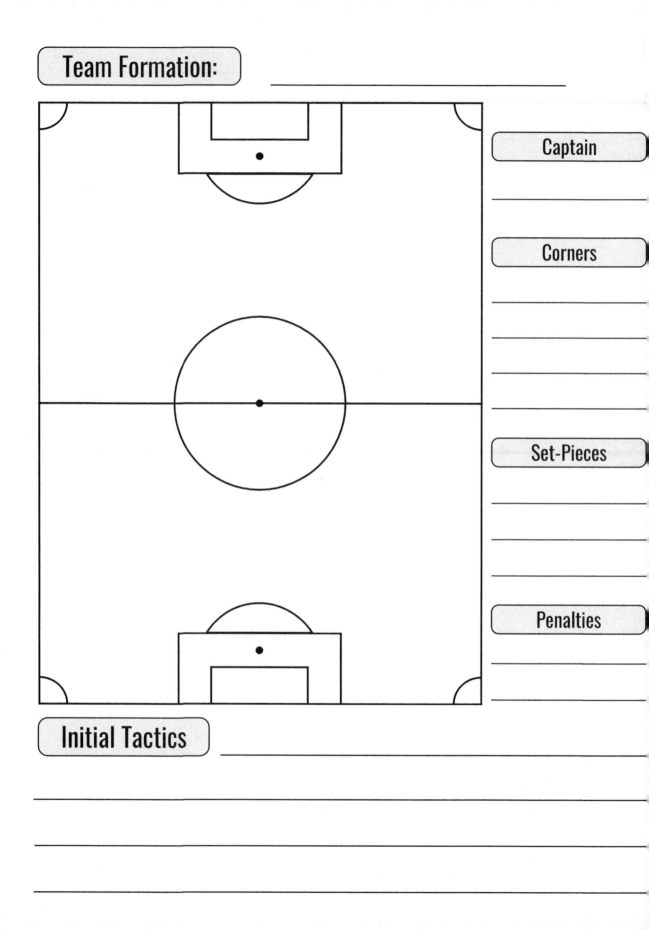

Captain
_____

Corners
_____
_____
_____
_____

Set-Pieces
_____
_____
_____

Penalties
_____

Initial Tactics _____

_____

_____

_____

H] _____ [ ] V [ ] _____ [A]

Date _____ Competition _____

Pos/No.	Player	Goal	Y	R	Sub	M-O-M

Match Summary

_____

_____

_____

Team Formation: _____

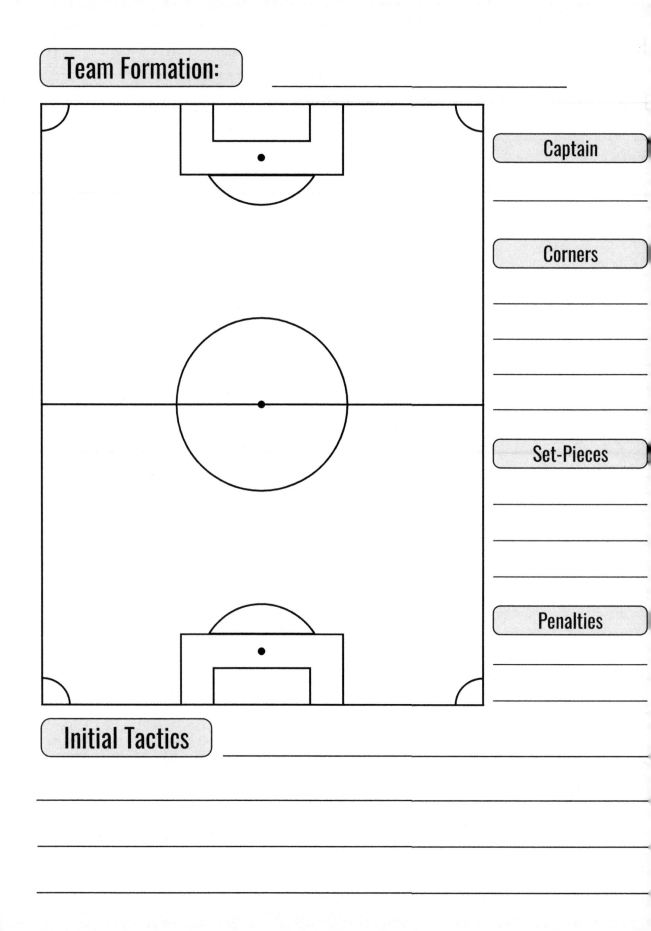

Captain
_____

Corners
_____
_____
_____

Set-Pieces
_____
_____
_____

Penalties
_____

Initial Tactics _____

_____
_____
_____

H] _____ ☐ V ☐ _____ [A]

Date _____   Competition _____

Pos/No.	Player	Goal	Y	R	Sub	M-O-M

Match Summary

_____

_____

_____

Team Formation:

Captain
_____

Corners
_____
_____
_____
_____

Set-Pieces
_____
_____
_____

Penalties
_____
_____

Initial Tactics
_____

_____

_____

H] _____ ☐ V ☐ _____ [A]

Date _____   Competition _____

Pos/No.	Player	Goal	Y	R	Sub	M-O-M

Match Summary _____

_____

_____

Team Formation: _____

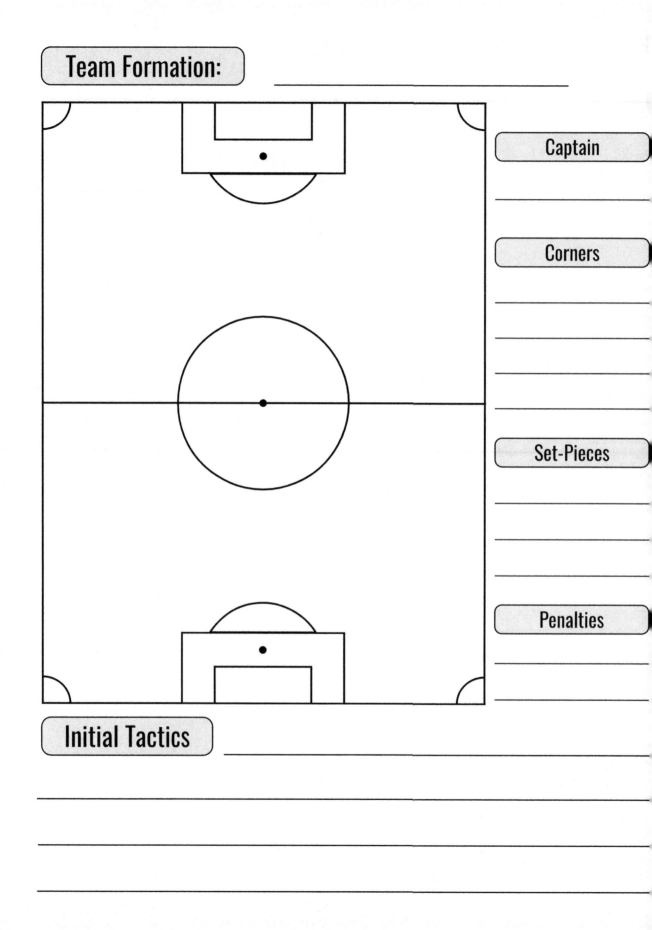

Captain

_____

Corners

_____

_____

_____

_____

Set-Pieces

_____

_____

_____

Penalties

_____

_____

Initial Tactics _____

_____

_____

_____

H] _____ ☐ V ☐ _____ [A]

Date _____ Competition _____

Pos/No.	Player	Goal	Y	R	Sub	M-O-M

Match Summary

_____

_____

_____

Team Formation: _____

Captain
_____

Corners
_____
_____
_____
_____

Set-Pieces
_____
_____
_____

Penalties
_____
_____

Initial Tactics _____

_____
_____
_____

[H] _____ ☐ V ☐ _____ [A]

Date _____ Competition _____

Pos/No.	Player	Goal	Y	R	Sub	M-O-M

Match Summary _____

_____

_____

Team Formation: _____

Captain
_____

Corners
_____
_____
_____
_____

Set-Pieces
_____
_____
_____

Penalties
_____
_____

Initial Tactics _____

_____

_____

_____

H] _____ ☐ V ☐ _____ [A]

Date _____ Competition _____

Pos/No.	Player	Goal	Y	R	Sub	M-O-M

Match Summary

_____

_____

_____

Team Formation:

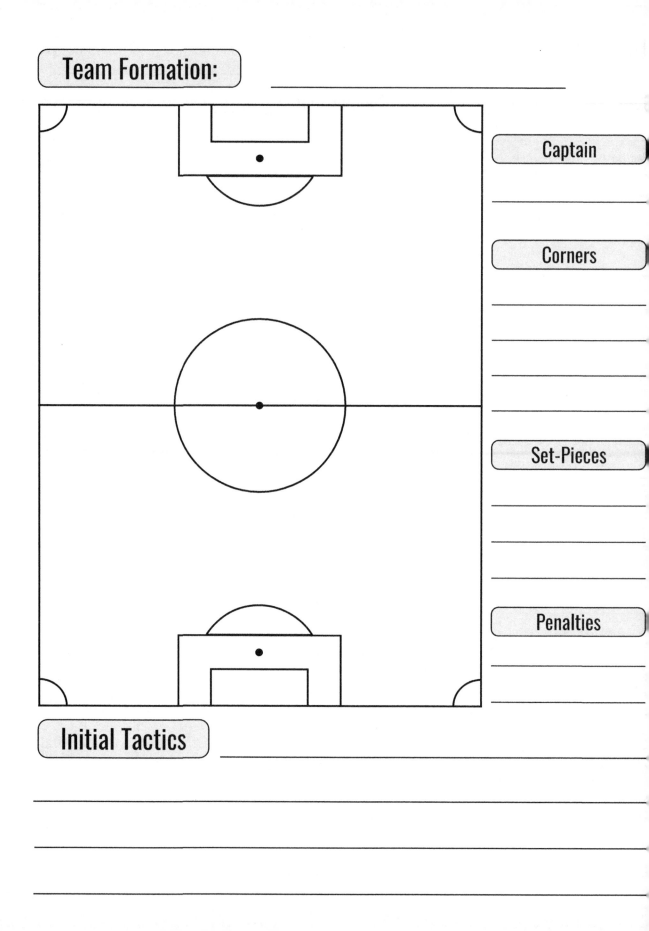

Captain

Corners

Set-Pieces

Penalties

Initial Tactics

H] _____ ☐ V ☐ _____ [A]

Date _____ Competition _____

Pos/No.	Player	Goal	Y	R	Sub	M-O-M

Match Summary

_____

_____

_____

Team Formation: _____

Captain
_____

Corners
_____
_____
_____
_____

Set-Pieces
_____
_____
_____

Penalties
_____
_____

Initial Tactics _____

_____
_____
_____

H] _____ □ V □ _____ [A]

Date _____ Competition _____

Pos/No.	Player	Goal	Y	R	Sub	M-O-M

Match Summary _____

_____

_____

Team Formation:

Captain

Corners

Set-Pieces

Penalties

Initial Tactics

H] _____ [ ] V [ ] _____ [A]

Date _____ Competition _____

Pos/No.	Player	Goal	Y	R	Sub	M-O-M

Match Summary

_____

_____

_____

Team Formation: _____

Captain
_____

Corners
_____
_____
_____
_____

Set-Pieces
_____
_____
_____

Penalties
_____
_____

Initial Tactics _____

_____

_____

_____

H] _____ ☐ V ☐ _____ [A]

Date _____ Competition _____

Pos/No.	Player	Goal	Y	R	Sub	M-O-M

Match Summary _____

_____

_____

Team Formation: _____

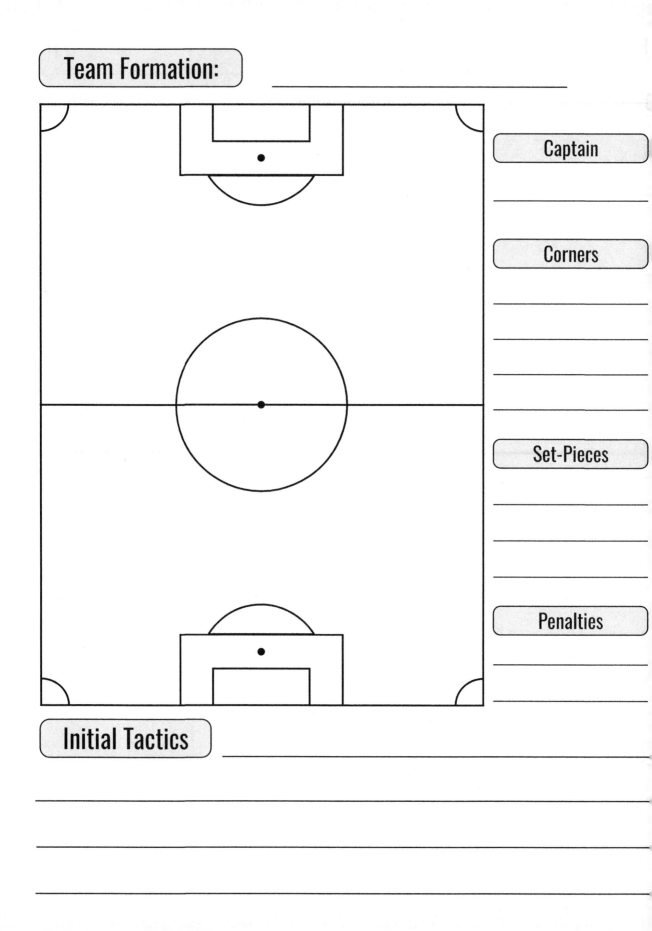

Captain
_____

Corners
_____
_____
_____
_____

Set-Pieces
_____
_____
_____

Penalties
_____
_____

Initial Tactics _____

_____
_____
_____

H] _____ ☐ V ☐ _____ [A]

Date _____ Competition _____

Pos/No.	Player	Goal	Y	R	Sub	M-O-M

Match Summary

_____

_____

_____

Team Formation: _____

Captain

_____

Corners

_____

_____

_____

_____

Set-Pieces

_____

_____

_____

Penalties

_____

_____

Initial Tactics _____

_____

_____

_____

H] _____ ☐ V ☐ _____ [A]

Date _____ Competition _____

Pos/No.	Player	Goal	Y	R	Sub	M-O-M

Match Summary _____

_____

_____

Team Formation: _____

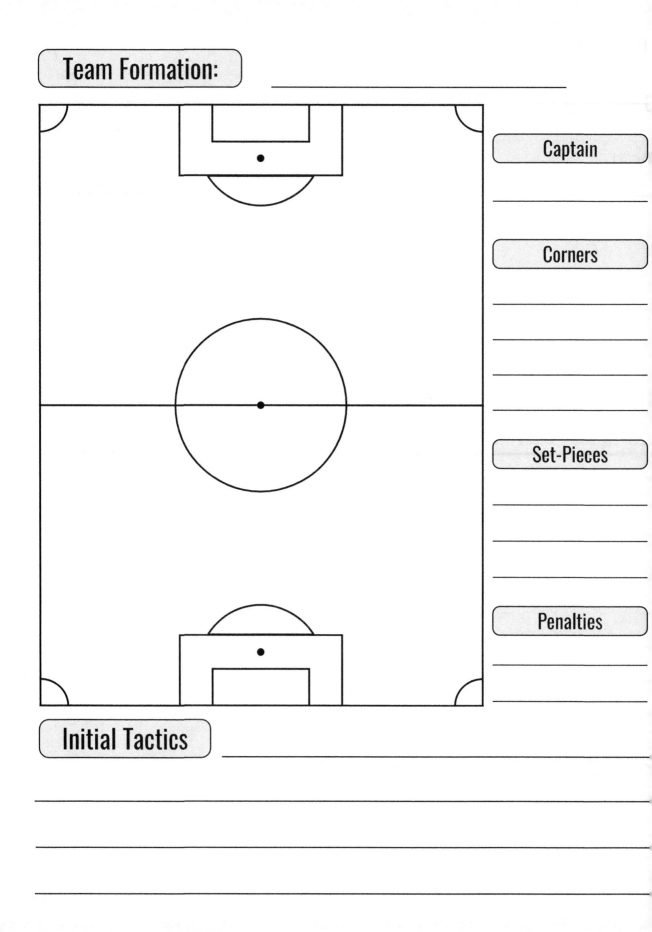

Captain

_____

Corners

_____

_____

_____

_____

Set-Pieces

_____

_____

_____

Penalties

_____

_____

Initial Tactics _____

_____

_____

_____

H] _____ [ ] V [ ] _____ [A]

Date _____ Competition _____

Pos/No.	Player	Goal	Y	R	Sub	M-O-M

Match Summary

_____

_____

_____

Team Formation: _____

Captain

_____

Corners

_____

_____

_____

_____

Set-Pieces

_____

_____

_____

Penalties

_____

_____

Initial Tactics _____

_____

_____

_____

H] _____ ☐ V ☐ _____ [A]

Date _____ Competition _____

Pos/No.	Player	Goal	Y	R	Sub	M-O-M

Match Summary

_____

_____

_____

Team Formation: _____

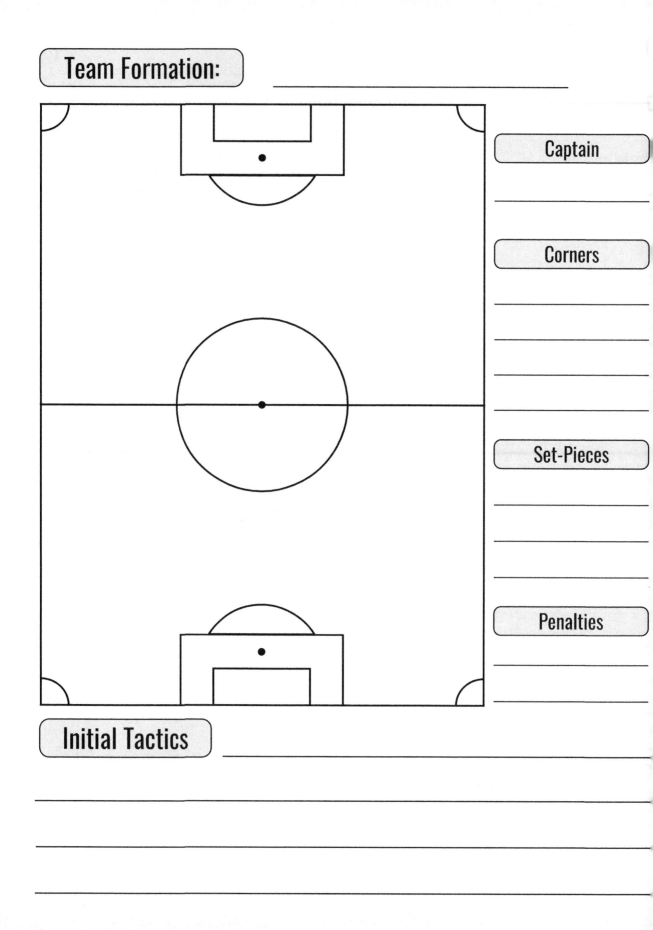

Captain
_____

Corners
_____
_____
_____
_____

Set-Pieces
_____
_____
_____

Penalties
_____
_____

Initial Tactics _____

_____

_____

_____

H]
_____ ☐ V ☐ _____ [A]

Date _____ Competition _____

Pos/No.	Player	Goal	Y	R	Sub	M-O-M

Match Summary

_____

_____

_____

Team Formation: _____

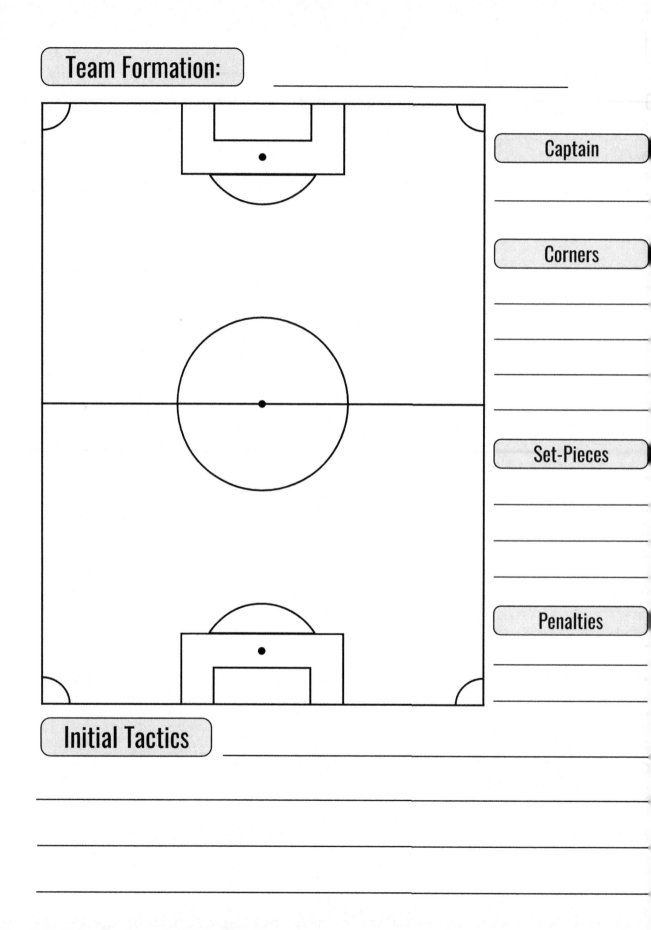

Captain

_____

Corners

_____
_____
_____

Set-Pieces

_____
_____
_____

Penalties

_____
_____

Initial Tactics _____

_____
_____
_____

[H] _____ ☐ V ☐ [A] _____

Date _____   Competition _____

Pos/No.	Player	Goal	Y	R	Sub	M-O-M

Match Summary _____

_____

_____

Team Formation: _____

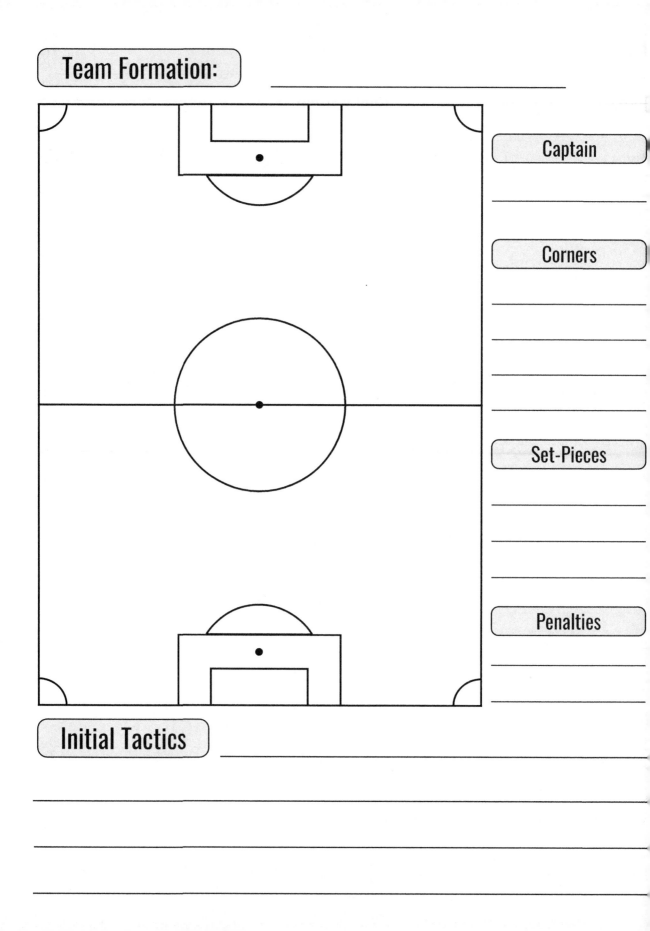

Captain
_____

Corners
_____
_____
_____
_____

Set-Pieces
_____
_____

Penalties
_____
_____

Initial Tactics _____

_____
_____
_____

[H] _____ ☐ V ☐ _____ [A]

Date _____   Competition _____

Pos/No.	Player	Goal	Y	R	Sub	M-O-M

Match Summary _____

_____

_____

Team Formation: _____

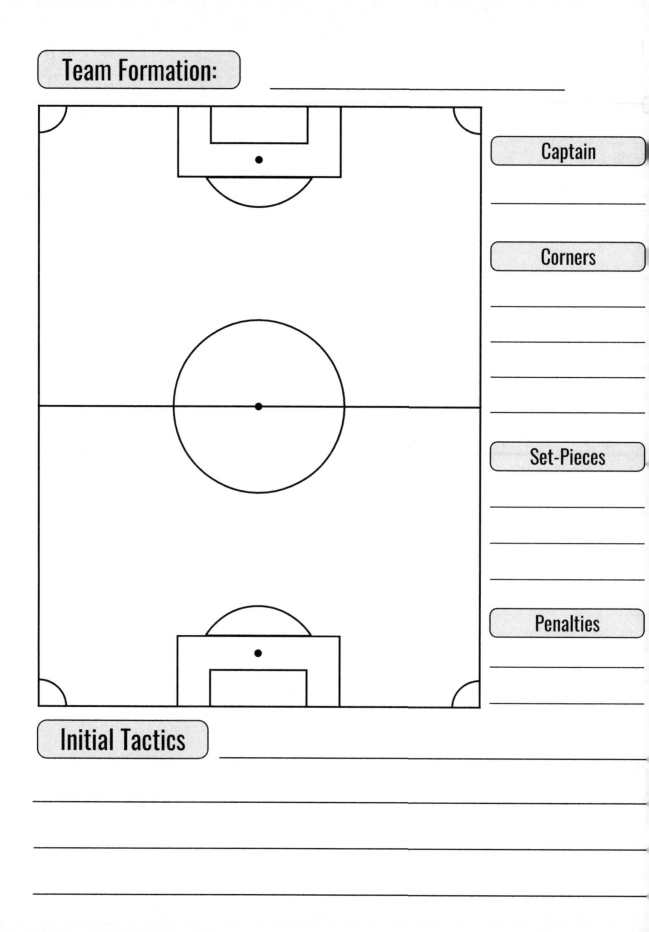

Captain

_____

Corners

_____

_____

_____

Set-Pieces

_____

_____

_____

Penalties

_____

Initial Tactics _____

_____

_____

_____

H] _____ □ V □ _____ [A]

Date _____   Competition _____

Pos/No.	Player	Goal	Y	R	Sub	M-O-M

Match Summary _____

_____

_____

Team Formation: _____

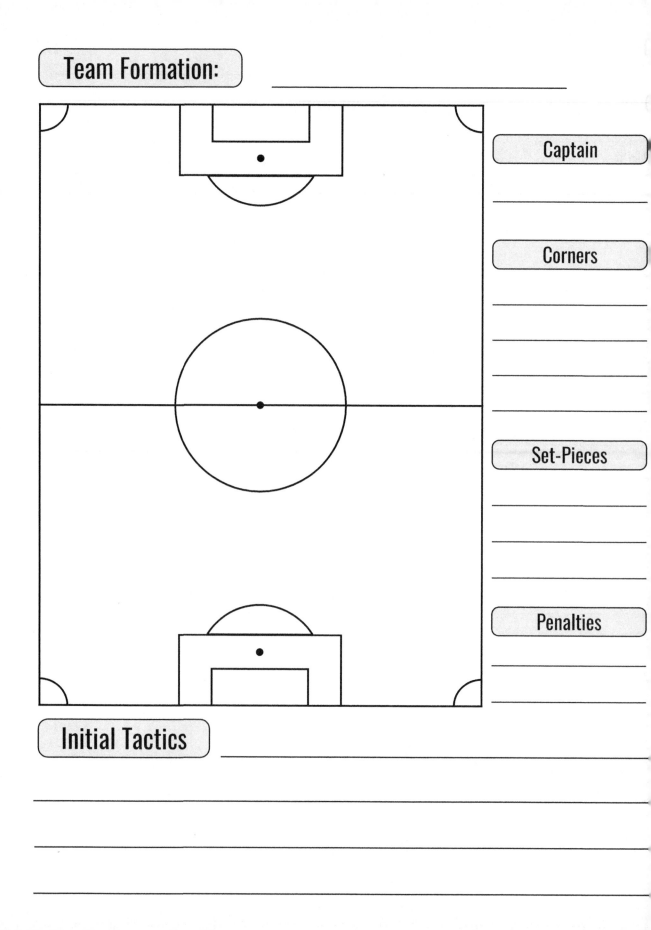

Captain
_____

Corners
_____
_____
_____
_____

Set-Pieces
_____
_____
_____

Penalties
_____
_____

Initial Tactics _____

_____
_____
_____

[H] _____ □ V □ _____ [A]

Date _____ Competition _____

Pos/No.	Player	Goal	Y	R	Sub	M-O-M

Match Summary

_____

_____

_____

Team Formation: _____

Captain
_____

Corners
_____
_____
_____
_____

Set-Pieces
_____
_____
_____

Penalties
_____
_____

Initial Tactics _____

_____
_____
_____

H] _____ ☐ V ☐ _____ [A]

Date _____ Competition _____

Pos/No.	Player	Goal	Y	R	Sub	M-O-M

Match Summary _____

_____

_____

Team Formation: _____

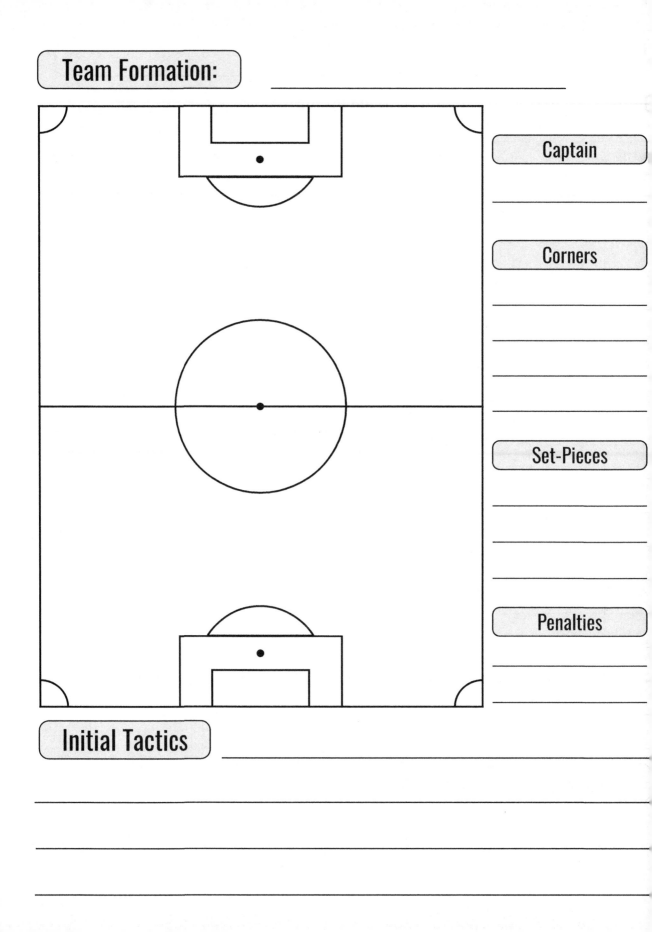

Captain

_____

Corners

_____

_____

_____

_____

Set-Pieces

_____

_____

_____

Penalties

_____

_____

Initial Tactics _____

_____

_____

_____

H] _____ ☐ V ☐ _____ [A]

Date _____ Competition _____

Pos/No.	Player	Goal	Y	R	Sub	M-O-M

Match Summary

_____

_____

_____

Team Formation: _____

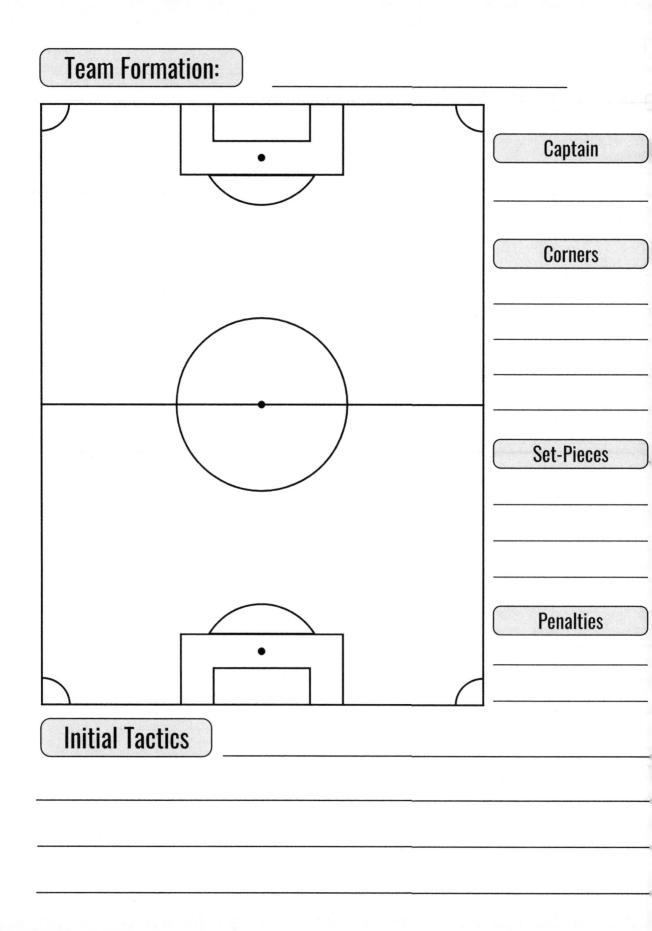

Captain
_____

Corners
_____
_____
_____
_____

Set-Pieces
_____
_____
_____

Penalties
_____
_____
_____

Initial Tactics _____

_____

_____

_____

H]
_____ □ V □ _____ [A]

Date _____ Competition _____

Pos/No.	Player	Goal	Y	R	Sub	M-O-M

Match Summary

_____

_____

_____

Team Formation: _____

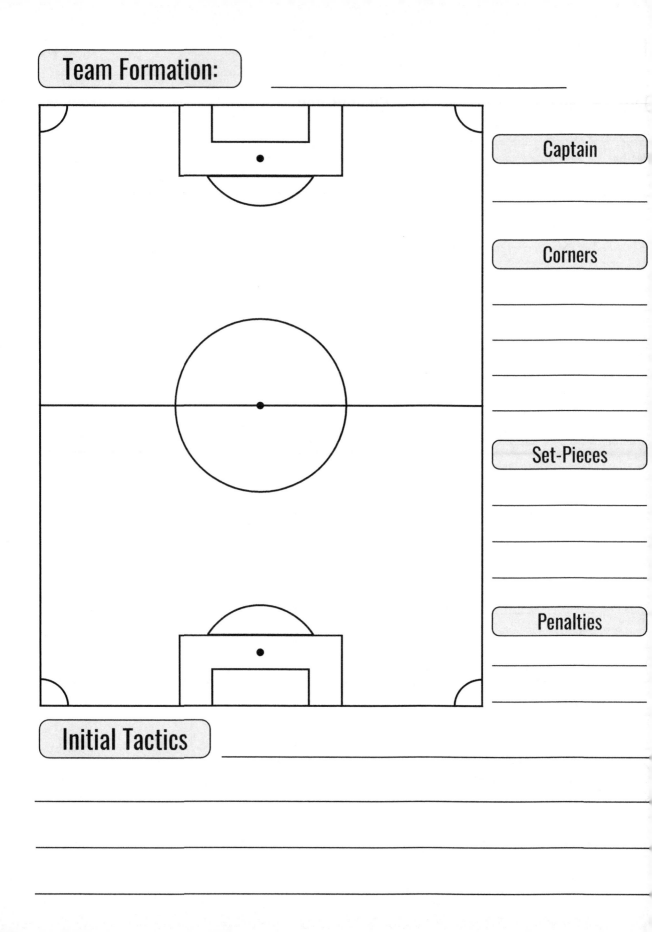

Captain

_____

Corners

_____

_____

_____

Set-Pieces

_____

_____

_____

Penalties

_____

_____

Initial Tactics _____

_____

_____

_____

[H] _____ ☐ V ☐ _____ [A]

Date _____ Competition _____

Pos/No.	Player	Goal	Y	R	Sub	M-O-M

Match Summary _____

_____

_____

Team Formation: _____

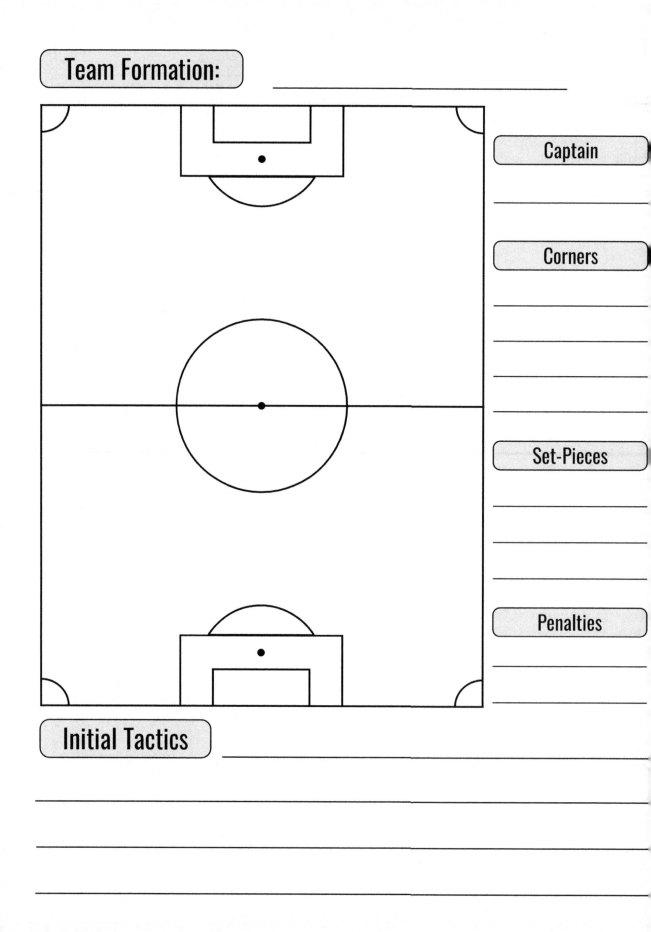

Captain
_____

Corners
_____
_____
_____
_____

Set-Pieces
_____
_____
_____

Penalties
_____
_____

Initial Tactics _____

_____
_____
_____

H] _____ ☐ V ☐ _____ [A]

Date _____ Competition _____

Pos/No.	Player	Goal	Y	R	Sub	M-O-M

Match Summary _____

_____

_____

Team Formation: _____

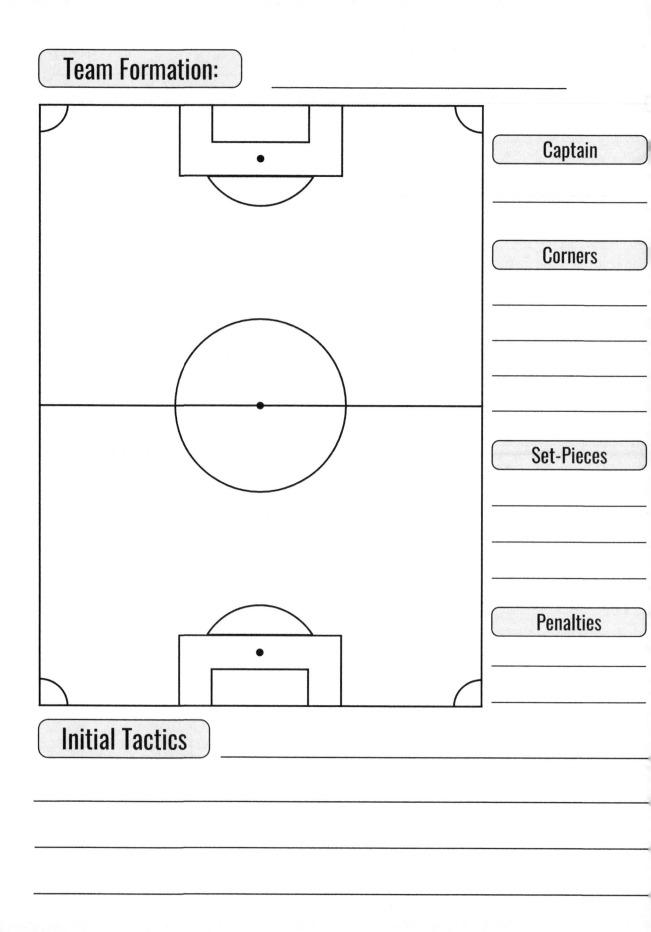

Captain

_____

Corners

_____
_____
_____
_____

Set-Pieces

_____
_____
_____

Penalties

_____

Initial Tactics _____

_____
_____
_____

[H] _____ ☐ V ☐ _____ [A]

Date _____ Competition _____

Pos/No.	Player	Goal	Y	R	Sub	M-O-M

Match Summary _____

_____

_____

Team Formation: _____

Captain

_____

Corners

_____
_____
_____
_____

Set-Pieces

_____
_____
_____

Penalties

_____
_____

Initial Tactics _____

_____

_____

_____

H] _____ ☐ V ☐ _____ [A]

Date _____   Competition _____

Pos/No.	Player	Goal	Y	R	Sub	M-O-M

Match Summary _____

_____

_____

Team Formation: _____

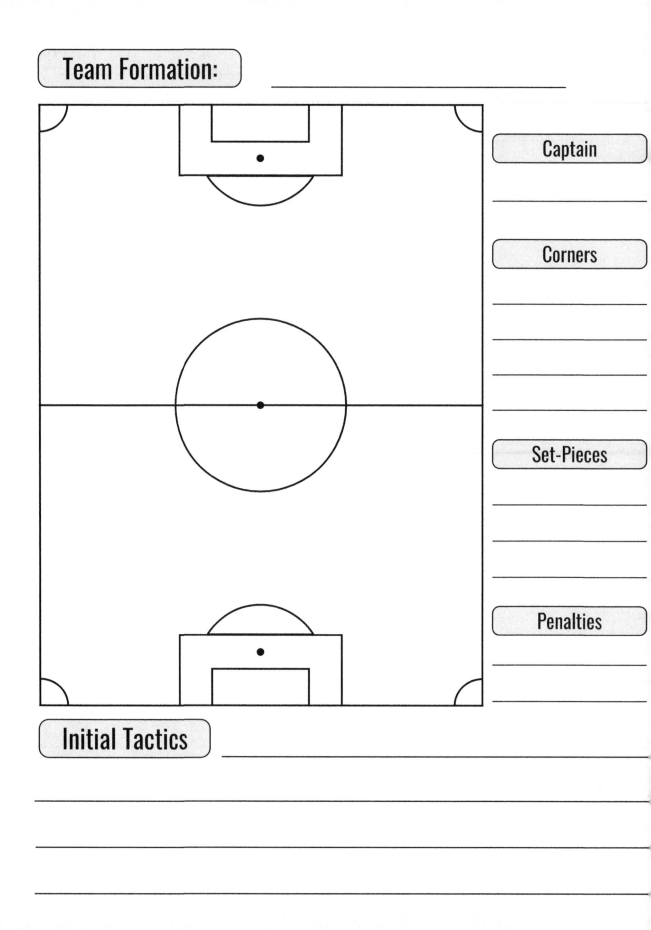

Captain

_____

Corners

_____

_____

_____

_____

Set-Pieces

_____

_____

_____

Penalties

_____

Initial Tactics _____

_____

_____

_____

H] _____ [ ] V [ ] _____ [A]

Date _____ Competition _____

Pos/No.	Player	Goal	Y	R	Sub	M-O-M

Match Summary

_____

_____

_____

Team Formation: _____

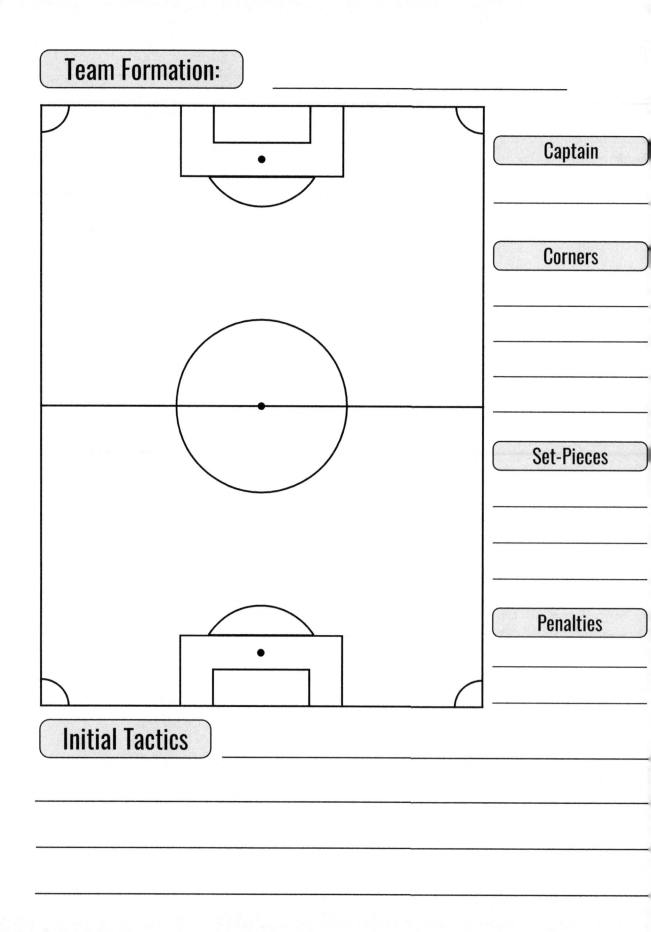

Captain

_____

Corners

_____

_____

_____

_____

Set-Pieces

_____

_____

_____

Penalties

_____

_____

Initial Tactics _____

_____

_____

_____

_____

H] _____ ☐ V ☐ _____ [A]

Date _____   Competition _____

Pos/No.	Player	Goal	Y	R	Sub	M-O-M

Match Summary _____

_____

_____

Team Formation: _____

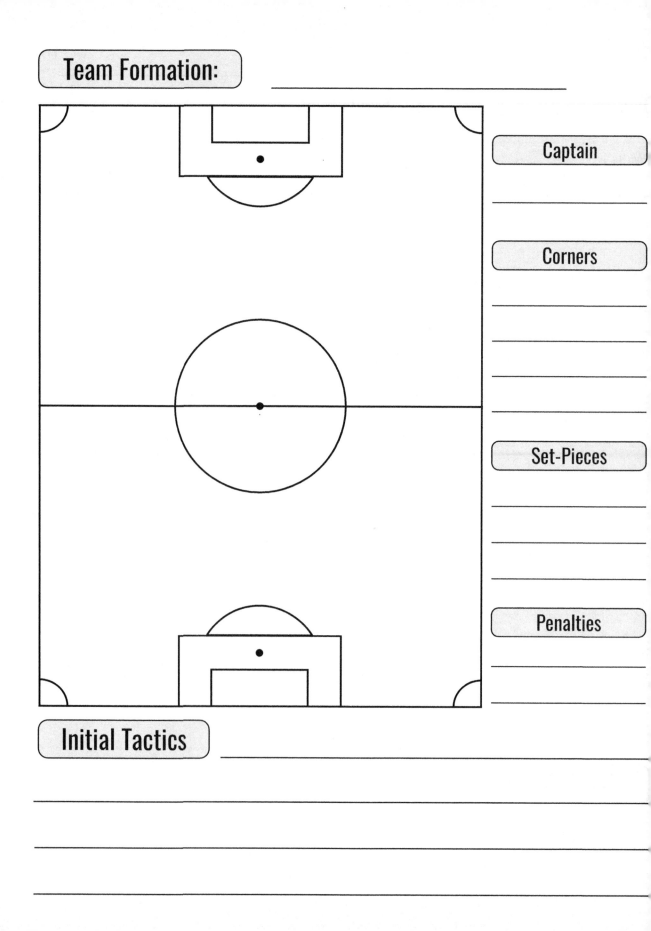

Captain

_____

Corners

_____
_____
_____

Set-Pieces

_____
_____

Penalties

_____

Initial Tactics _____

_____
_____
_____

[H] _____ ☐ V ☐ _____ [A]

Date _____   Competition _____

Pos/No.	Player	Goal	Y	R	Sub	M-O-M

Match Summary _____

_____

_____

Team Formation: _____

Captain
_____

Corners
_____
_____
_____

Set-Pieces
_____
_____
_____

Penalties
_____

Initial Tactics _____

_____
_____
_____

H] _____ ☐ V ☐ _____ [A]

Date _____   Competition _____

Pos/No.	Player	Goal	Y	R	Sub	M-O-M

Match Summary _____

_____

_____

Team Formation: _____

Captain
_____
_____

Corners
_____
_____
_____
_____
_____

Set-Pieces
_____
_____
_____

Penalties
_____
_____

Initial Tactics _____

_____
_____
_____

[H] _____ ☐ V ☐ _____ [A]

Date _____   Competition _____

Pos/No.	Player	Goal	Y	R	Sub	M-O-M

Match Summary

_____

_____

_____

Team Formation: _____

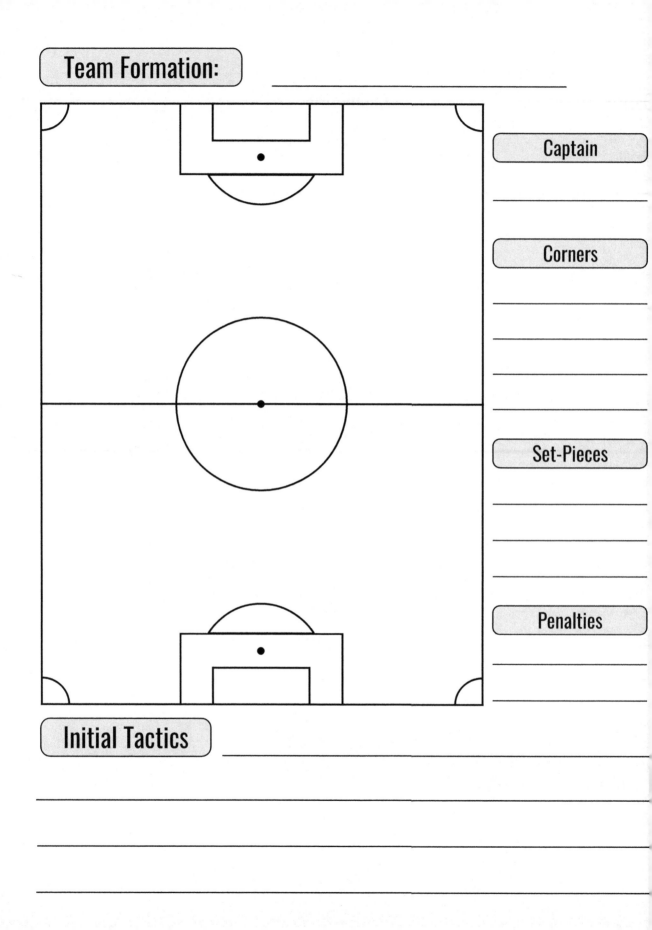

Captain

_____

Corners

_____

_____

_____

Set-Pieces

_____

_____

_____

Penalties

_____

_____

Initial Tactics _____

_____

_____

_____

_____

[H] _____ [ ] V [ ] _____ [A]

Date _____   Competition _____

Pos/No.	Player	Goal	Y	R	Sub	M-O-M

Match Summary _____

_____

_____

Team Formation: _____

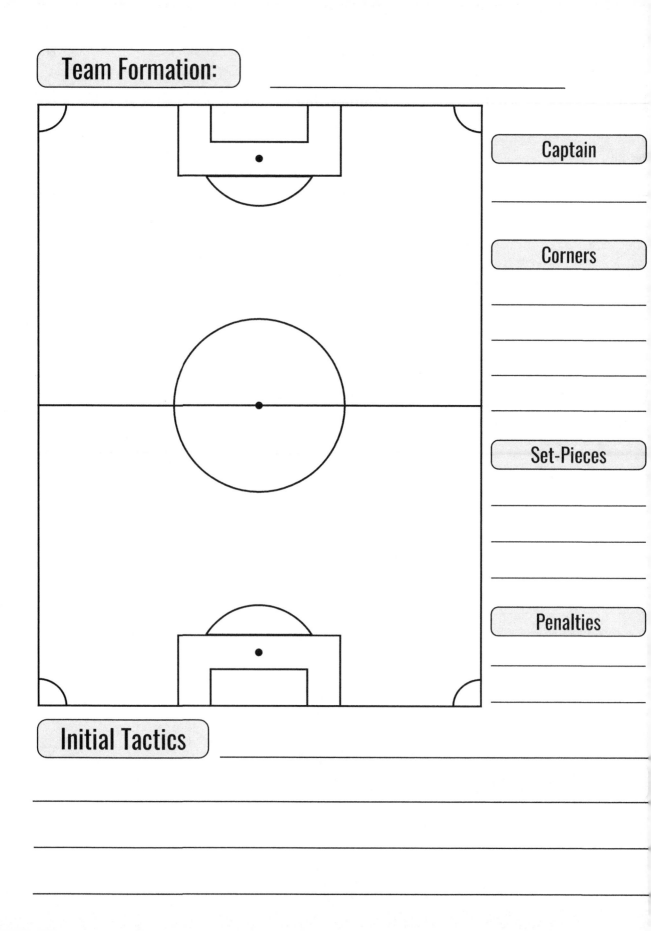

Captain

_____

Corners

_____

_____

_____

Set-Pieces

_____

_____

Penalties

_____

_____

Initial Tactics _____

_____

_____

_____

[H] _____ ☐ v ☐ _____ [A]

Date _____ Competition _____

Pos/No.	Player	Goal	Y	R	Sub	M-O-M

Match Summary _____

_____

_____

Team Formation: _____

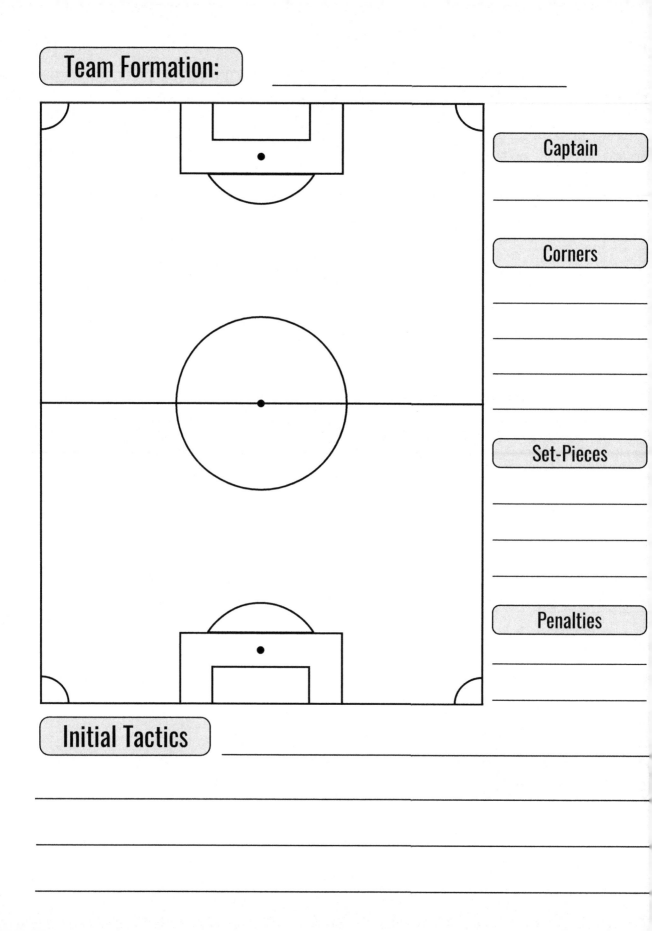

Captain

_____

Corners

_____

_____

_____

Set-Pieces

_____

_____

_____

Penalties

_____

Initial Tactics _____

_____

_____

_____

[H] _____ □ V □ _____ [A]

Date _____   Competition _____

Pos/No.	Player	Goal	Y	R	Sub	M-O-M

Match Summary _____

_____

_____

Contacts

Name	Phone	Email

Printed in Great Britain
by Amazon

36650152R00057